Justine et Sofia

PROPRIÉTÉ
DE L'ÉCOLE RABEAU

Que tu sois en Serbie
ou en Gaspésie
qu'il soit midi
ou minuit
visite notre site internet :
www.soulieresediteur.com

**De la même auteure
chez le même éditeur :**

Le bossu de l'Île d'Orléans, 1997

La Rose et le Diable, 2000

Le chien de Pavel, finaliste au Prix du
    Gouverneur général 2001

Célestin et Rosalie, 2002

Justine et le chien de Pavel, 2003

Chez d'autres éditeurs

Le homard voyageur, éditions Hurtubise
    HMH, 1995

Six cailloux blancs sur un fil, éditions Albin
    Michel, 1997

Sortie de nuit, éditions Hurtubise HMH,
    1998

Contes traditionnels du Québec, éditions
    Milan, 1998

C'est ici mon pays, Castor poche, éditions
    Flammarion, 1999

Petits contes de ruse et de malice, éditions
    les 400 coups, 1999

Une course folle, éditions Hurtubise HMH,
    2002

La balançoire vide et le chat jaune, éditions
    Leméac, 2003

Justine et Sofia

un roman écrit par Cécile Gagnon
et illustré par Leanne Franson

SOULIÈRES ÉDITEUR

case postale 36563 — 598, rue Victoria
Saint-Lambert (Québec) J4P 3S8

Soulières éditeur remercie le Conseil des Arts du Canada et la SODEC de l'aide accordée à son programme de publication et reconnaît l'aide financière du gouvernement du Canada par l'entremise du Programme d'Aide au Développement de l'Industrie de l'Édition (PADIÉ) pour ses ac i ités d'édition. Soulières éditeur bénéficie également du Programme de crédit d'impôt pour l'édition de livres – Gestion Sodec – du gouvernement du Québec.

Dépôt légal: 2006
Bibliothèque nationale du Canada
Bibliothèque nationale du Québec

Données de catalogage avant publication (Canada)

Cécile Gagnon

Justine et Sofia
(Collection Ma petite vache a mal aux pattes; 64)
Pour les jeunes de 6 à 9 ans.

ISBN 978- 2-89607-024-9

I. Franson, Leanne. II. Titre. III. Collection.

PS8513.A345J87 2005   jC843'.54   C2005-940290-3
PS9513.A345J87 2005

Conception graphique de la couverture:
Annie Pencrec'h

Logo de la collection:
Caroline Merola

Copyright © Soulières éditeur,
Cécile Gagnon et Leanne Franson
ISBN 978-2-89607-024-9
Tous droits réservés
58664

Remerciements

Je tiens à remercier Luc Durocher, auteur, enseignant et amoureux des poètes ainsi que Miroslav Petrovic et Venecija Levi-Breder, serbes québécois au grand cœur, pour leur précieuse collaboration

Chapitre 1

Zoran

Maintenant, on sait que Pavel va rester pour toujours ici. Et comme sa famille vient le rejoindre, dès qu'il rentre du travail, il s'affaire. Il fait le ménage et des transformations. Je l'entends s'activer en bas.

Maman m'a dit qu'elle est allée avec lui acheter un lit pour sa petite fille. Les voisins et les parrains lui ont prêté des tas de

choses : de la vaisselle, des chaudrons et des couvertures.

Quand j'ai vu ça, j'ai apporté à Pavel une pile de livres illustrés trop bébés pour moi. Je lis des livres de grands maintenant. J'ai dit à Pavel :

— Si Sofia ne peut pas lire les mots, elle regardera les images !

Il avait l'air content. Mais j'ai eu une très grande surprise quand il m'a demandé si mon frère Stéphane avait de vieilles bandes dessinées à prêter à Zoran.

— Zoran ? C'est qui Zoran ?

— Le grand frère de Sofia. Il a quatorze ans, a répondu Pavel.

Pas besoin d'expliquer que j'en reste bouche bée. Un grand frère ! Zoran ! Ça alors. Si j'avais prêté plus attention aux conversations, pendant tout l'été, j'aurais su plus tôt que Sofia avait un frère. Stéphane le savait peut-être déjà.

—Maman, tu savais que Sofia avait un grand frère ?

—Oui, ma chouette.

—Il vient s'installer lui aussi ?

—Bien sûr. Pourquoi ?

—Eh bien, parce que Pavel a dit de dire à Stéphane …que… si..

—Hé, reprends ton souffle, Justine ! Qu'est-ce que Pavel t'a dit ?

—Si Stéphane a de vieilles bandes dessinées, il pourrait les prêter au frère, euh…à Zoran.

—Tu le lui diras.

—C'est un drôle de nom, hein, maman, Zoran ?

—Pour les Serbes, c'est un nom ordinaire. C'est comme Robert ou Charles.

Il y a entre nous un grand silence. Je me mets à penser à ceux qui vont bientôt venir habiter en bas, la famille de Pavel enfin réunie. Je pense à plein de choses, entre autres à cette fille de mon âge qui ne sait pas le français. Je demande :

—Maman, comment c'est quand on ne comprend pas ce que disent les gens ?

—C'est comme quand tu entends parler anglais. Mais pour la langue serbe c'est un peu plus compliqué, je pense.

Plus tard, je fais le message à Stéphane. Puis je vais jouer sur le balcon avec Mirko. C'est vrai que mon chat a un prénom serbe, lui aussi. Mais Mirko, c'est mieux que Zoran.

J'ai hâte de lui voir la binette, à ce garçon-là !

J'ai aussi hâte que l'école commence. Je suis en troisième année. Sabrina dit que, cette année, notre professeur va être un homme. Ça va faire drôle.

Chapitre 2

Sofia arrive

Je répare les freins de ma nouvelle bicyclette, dans la ruelle, quand ils arrivent. J'entends des voix, mais il faut que je finisse ma réparation. Et, aussi bien le dire, je ne me sens pas très brave à l'idée d'affronter ces nouveaux venus. J'ai comme une petite peur en dedans de moi.

Tout à coup, la porte qui donne sur la cour s'ouvre et je me trouve nez à nez avec un grand garçon maigre avec des lunettes. Il sourit. C'est sûrement le fameux grand frère. Zoran. Alors je lâche tout et je cours vers la rue devant la maison.

Toute la famille Draskonovic est là, sur le trottoir, Tobie inclus. Ma mère, les voisins, les amis du restaurant les entourent. Il y a des boîtes et des valises sur le perron. Une dame aux cheveux bruns, plutôt petite, se tient près de Pavel. Ses yeux brillent. Elle ne dit rien, mais elle aussi, elle sourit.

Puis, je la vois, elle, Sofia. On peut dire que je suis surprise. À cause de la photo que son père m'avait montrée, j'avais imaginé Sofia toute menue et timide. Je découvre une grande fille, plus grande que moi. Ses cheveux blonds encadrent un visage au regard éveillé et plein d'assurance. Je trouve qu'elle ressemble à Pavel. Et dans le cadre de la porte se tient le frère, qui regarde la scène d'un drôle d'air.

Ma mère m'aperçoit et me tire vers le groupe.

—Justine, viens vite. Sofia est arrivée, dit-elle.

Je me retrouve instantanément devant cette fille qui me dépasse d'une tête. Elle est vêtue d'une belle robe au corsage bro-

dé comme je n'en ai jamais vu.
Je la regarde. Elle aussi. Je suis
tellement intimidée que j'en ai
le souffle coupé.

Pavel se penche vers sa fille
et lui dit des mots que je ne com-
prends pas. Aussitôt, la fille me
tend la main droite.

Moi, je reste là sans bouger. Je me sens rougir jusqu'à la racine des cheveux. Puis, je finis par lui tendre ma main et j'articule :

—Allô, Sofia.

Comme accueil, ce n'est pas formidable !

Chapitre 3

Je cherche Sofia

Ce matin, l'école commence. Je pensais bien faire route avec Sofia, mais elle est déjà partie.

Dans ma nouvelle classe, je regarde attentivement les élèves à chacune des rangées de pupitres, mais Sofia n'est pas là. Je trouve ça bizarre. Le maître s'appelle Luc. Il est gentil et il a une belle voix et une barbe.

À la récréation, je demande à Sabrina :

—Comment se fait-il qu'on ne voie pas Sofia ?

Sabrina hausse les épaules et dit :

—J'sais pas. Elle a peut-être changé d'école.

Finalement, je la vois au fond de la cour. Elle est avec trois autres enfants dont un garçon plus petit à la peau très, très noire. J'ai envie d'aller vers elle, mais je n'ose pas. Nos regards se croisent.

Puis, je demande une explication à ma maîtresse de l'an dernier, que j'aime encore. Maryse m'explique :

—Ces enfants-là sont en classe d'accueil. Ils vont apprendre le français et, ensuite, ils vont rejoindre leur classe respective.

—Ça va prendre combien de temps ? demande Sabrina.

—Un mois ou deux. Vous allez voir comme ça passe vite. Les étrangers apprennent parfois plus vite que nous, répond Maryse en riant.

—Les classes terminées, je cherche Sofia à la sortie. Elle n'est toujours pas là. Ah, elle m'énerve, cette fille ! Comment

faire connaissance quand elle n'est jamais là. Tant pis, qu'elle s'arrange toute seule ! Au fond, peut-être qu'elle ne veut même pas que je sois son amie.

Je rentre à la maison de mauvaise humeur. Je dois bien me l'avouer, je souffre parce que je ne peux pas combler ma curiosité. Je suis partagée entre le désir de connaître Sofia et l'inquiétude de ne pas être capable de l'aider.

Maman m'explique que nos voisins sont pris en charge par des parrains et marraines qui facilitent leur adaptation.

—Ces gens les aident à apprendre le français après l'école. C'est pour ça que Sofia n'est pas là.

Tant pis.

Après mon goûter, je sors jouer au ballon dans la ruelle.

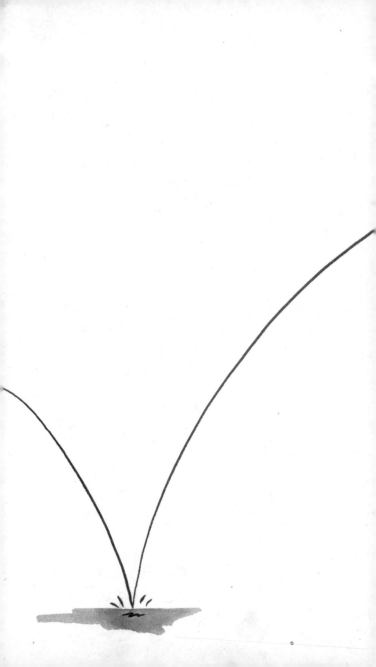

Chapitre 4

Luda lopta

Je tape le ballon sur le mur de la maison d'en face. Ça me fait du bien de taper sur quelque chose parce que je ne suis pas contente de moi. J'avais promis à Pavel d'aider Sofia, mais on dirait que tout se met en travers de mon chemin pour que je ne puisse rien faire.

Et voilà que Tobie vient vers moi. Tiens ! Il a repris sa vie d'avant avec sa famille, lui aussi. Je pense qu'il est plus content que lorsqu'il était avec nous. C'est clair, on lui parle dans sa langue ! Et justement, Zoran et Sofia arrivent dans la ruelle. Zoran appelle d'une voix forte :

—Stéphane ! Stéphane !

Qui pensez-vous donc qui surgit de la cour en vitesse ? Mon frère ! Eh oui ! ces deux garçons sont devenus inséparables. Incroyable, non ?

Ça n'a pas été long que mon frère a reconnu en Zoran un véritable champion de soccer. Dans le temps de le dire, il l'a présenté à son équipe et Zoran est déjà une espèce de vedette. Les deux maniaques du ballon filent dans la ruelle en courant comme s'ils se connaissaient depuis toujours. Ils s'en vont au

FUDBAL comme ils disent. C'est le mot serbe que Stéphane a tout le temps à la bouche, ces jours-ci.

Je continue de taper sur le ballon sans trop d'ardeur tandis que Sofia et Tobie me regardent. Puis, je me retourne et je tends le ballon à Sofia dans un geste qui signifie :

« Viens jouer avec moi ! »

Et ça marche !

Nous jouons en silence pendant quelques minutes. Je me creuse les méninges pour trouver quelque chose à dire. Mais ça ne vient pas. Au bout d'un moment, c'est Sofia qui me montre toutes sortes de trucs à faire en faisant rebondir le ballon sur le mur. C'est très amusant.

À la fin du jeu, on lance le ballon en l'air. C'est au tour de Sofia de l'attraper. Juste au moment

où elle le lance, un cycliste passe dans la ruelle. Le ballon l'atteint à la tête et son vélo fait des zigzags. Il s'arrête. Sofia et

moi restons figées sur place. L'homme nous envoie la main et repart. Il ne s'est pas fait mal. Tant mieux !

Fiou ! On a eu chaud !
Sofia dit :

—Luda lopta.

Luda lopta ? Qu'est-ce que cela peut bien vouloir dire ? Je la regarde.

Avec des gestes et des mimiques, elle me fait comprendre que lopta veut dire ballon. Et luda : fou.

Voilà. J'ai appris mes premiers mots en serbe. Je répète : LUDA LOPTA. LUDA LOPTA.

Nous nous mettons à rire comme des folles.

Moi je dis à Sofia :

LE BALLON FOU. À son tour elle répète : Ballon fou. BAL-LON FOU.

Ah ! je suis contente. J'ai appris deux mots à Sofia et, le plus étonnant, c'est qu'elle m'apprend le serbe ! Luda lopta ! Luda lopta !

Chapitre 5

La poésie

Notre professeur est spécial. Dès les premiers jours, il nous a parlé de sa passion : la poésie. Nous étions tous un peu surpris. Mais, pourquoi pas ?

Il a apporté plein de livres qu'il a disposés dans un coin de la classe.

—Ce sera notre coin de poésie, a-t-il dit.

Ce matin, Luc ouvre un livre

et nous demande le silence. De sa belle voix, il lit un poème.

> Il neige, il neige, il neige
> il neige du soleil
> il neige sur toi et moi
> il neige de la joie.[1]

1. Tiré de *Les saisons* de Raoul Duguay, éditions la courte échelle, 1981.

Même Sébastien, qui fait son dur, reste bouche bée.

Puis, Luc lit un autre poème :

Tous les mots que nous avons lâchés

Nous reviennent comme des cerf-volants

Avec des lettres muettes

Qui tombent au moindre vent.[2]

2. *Forêt vierge folle* de Roland Giguère, éditions de L'hexagone.

Je trouve ça très beau. Les
mots de la poésie, on dirait, te
touchent plus que ceux d'une
simple histoire. C'est magique !

—Nous allons être la classe la plus poétique de l'école, annonce Luc. Ce sera notre grand projet de l'année. Nous allons lire de la poésie, en déguster et même en écrire. Êtes-vous partants ?

En quelques mots, Luc nous expose son programme en nous faisant partager son enthousiasme. Je suis d'accord pour tenter ce jeu-là, même si ça m'inquiète un peu. Luc dépose une grosse boîte et des fiches sur une table. Il propose :

—Voici le jeu que nous allons réaliser cette semaine : consultez les recueils mis à votre disposition. Trouvez des poèmes qui vous plaisent. Notez sur une fiche : le titre, le nom de l'auteur et mettez-la dans la boîte. À la fin de la semaine, nous irons

piger dans la boîte et nous lirons à voix haute les poèmes que vous aurez choisis. De semaine en semaine, nous allons améliorer notre connaissance de la poésie.

Nous écoutons ces directives en silence. Tout à coup, Sébastien dit :

—La poésie, c'est pour les filles !

—Pas du tout, rétorque Luc.
C'est court, c'est direct, c'est
pour tout le monde. C'est fait
avec des mots de tous les jours,
parfois avec des mots de fête.

Parfois même, la poésie peut se chanter.

—Ah ! dit Sébastien d'un air soupçonneux. Et pis, ça sert à quoi un poème ?

Luc sourit et dit :

À quoi ça sert un poème?
Au fond ça ne sert à rien,
Mais ça rend la vie plus belle
Comme un tour de magicien,
Un sourire, un arc-en-ciel

À quoi ça sert un poème
Ça sert à dire : «je t'aime».[3]

—Est-ce qu'il y a des poèmes qui parlent des autos ? demande Charles.

—Ce sera ta responsabilité d'en chercher et d'en trouver, dit Luc.

3. *J'aime les poèmes*, Henriette Major, éditions Hurtubise HMH, 2003.

Chapitre 6

Sofia apprend vite

Depuis l'affaire du ballon fou, Sofia et moi nous nous rencontrons souvent après l'école. J'essaie de lui apprendre des mots. L'autre jour, j'ai voulu lui apprendre le mot « bicyclette ». Pour faire plus court, j'ai dit aussi « vélo » en montrant le mien.

Elle s'est approchée et m'a dit, en me regardant dans les yeux :

— Prête-moi ton vélo !

Je n'en revenais pas. J'ai à peine eu le temps de dire « oui » qu'elle a enfourché mon vélo et qu'elle est partie faire un tour dans la ruelle. Sabrina était aussi estomaquée que moi. On l'a regardée aller et Sabrina a dit :

—Maryse avait raison. Les étrangers apprennent plus vite qu'on pense.

Sabrina ne pouvait pas tomber plus juste car, la semaine suivante, qui fait son apparition dans notre classe ? Sofia.

Luc la présente et lui désigne une place libre dans la deuxième rangée. Comme c'est vendredi,

51

notre jour de poésie, Luc va chercher la boîte dans le coin réservé
aux poèmes que nous avons
choisis. Ces exercices sont le
clou de notre journée. Toute la
classe est emballée : nous avons
pris goût aux poèmes, même
Sébastien et Charles.

Chacun de nous reprend sa
ou ses fiches. Tour à tour nous
lisons nos poèmes. Le mien,
que m'a mère m'a recommandé,
s'appelle *Les lapins*. Je dis le
nom de l'auteur et j'essaie de
lire sans faire de fautes.

Je jette un coup d'oeil à Sofia
qui écoute, un sourire sur les
lèvres. Puis, Luc dit, en regardant Sofia :

—Il reste une fiche.

Sofia se lève et va chercher la
fiche dans la boîte. Mais au lieu
de lire les mots écrits sur la
page, elle retourne à sa place et,
debout, récite :

Ala je lep
Ovaj svet,
Onde potok,
Ovde cvet;
Tamo niva,
Ovde sad,
Eno sunca,
Evo hlad !
Tamo Dunav,
Zlata pun,
Onde trava,
Ovde žbun,
Slavuj peva
Ne znam gdi,
Ovde srce,
Ovde ti![4]

Personne n'a compris un mot. Mais, curieusement, grâce aux sons, aux rimes et à la voix de Sofia, nous trouvons ça beau. Moi, en tout cas.

4. *Que le monde est beau*, Jovan Jovanovic Zmaj.

Дунав

Злата

луг

Тамо

Овде

Ено

сунце

Трава

жбун

Поток

слушам

друг

—Dis-le encore, suggère Luc.

Et Sofia s'exécute. Luc, parlant très lentement en détachant ses mots, lui demande :

—Qui en est l'auteur ?

Sofia reste silencieuse. Peut-être n'a-t-elle pas compris la question. Son visage est rouge. Personne n'ose parler dans la classe. Puis, elle dit :

—Zmaj, un poète serbe.

Toute la classe applaudit. Zmaj. Tu parles d'un drôle de nom !

Chapitre 7

Vendredi-Petak

À l'heure du souper, Zoran est invité. Lui et Stéphane sont devenus inséparables. Malgré sa présence qui m'intimide, je raconte comment Sofia nous a récité un poème en serbe qu'ELLE SAVAIT PAR COEUR!

À ma grande surprise, papa récite un long poème tout d'une traite, comme un comédien. Et immédiatement, devant nos mi-

nes stupéfaites, maman récite, elle aussi, une fable rigolote, dans laquelle il y a un chat et une belette.

—À l'école, nous apprenions plein de poèmes par coeur, dit maman.

—Et on s'en souvient encore, renchérit papa.

—Moi, je sais des chansons par coeur, dit Stéphane.

Zoran, le champion de fudbal, se met de la partie. Il récite un poème lui aussi. C'est très court, heureusement, parce qu'on ne comprend pas. Il nous explique que c'est une histoire de grenouilles qui lisent le journal. Plus capoté que ça, tu meurs ! Et l'auteur, nous explique Zoran, est encore ce fameux Zmaj. Décidément, les Serbes me surprennent pas mal. Je suis bien étonnée de constater que plein de gens connaissent de la poésie sans qu'on le soupçonne. Même mon père et ma mère. Alors, sans hésiter, je lance :

— Moi aussi je vais apprendre mon poème sur les lapins par coeur.

Ce matin, encore une autre surprise m'attend. Même si ce n'est pas notre jour de poésie, voilà que Sofia se lève et va montrer une feuille à Luc. Ensuite, elle va porter la feuille dans notre boîte à poèmes. Elle a un grand sourire sur les lèvres.

Toute la semaine, nous consultons les recueils et choisissons des poèmes. Moi, je m'affaire à apprendre celui que j'aime par coeur. Ce n'est pas une mince affaire. Enfin arrive vendredi. Petak ! Pouvez-vous croire que c'est ainsi qu'on appelle vendredi en serbe ? On a bien ri quand Luc nous a fait part de cette découverte ! Petak. Dorénavant, notre journée de poésie, c'est Petak !

Justement, vendredi, c'est Sofia qui commence. Elle prend son papier dans la boîte et elle lit. En français ! Le voici, son poème :

Que le monde
Est beau !
Voici une prairie
Remplie de fleurs.
Voici un champ
Et une clairière.
Ici, le soleil brille.
Là, l'ombre s'étend.

Voici le Danube
Roulant ses flots d'or.
Ici, l'herbe verte.
Et là, un jardin.
La nature se berce
Au chant du rossignol,
Et moi, j'écoute
Avec mon ami.

C'est le poème qu'elle nous avait déjà récité. Maintenant on comprend parce qu'il est traduit, mais, au fond, il est moins beau. Je dis :

— Il était plus beau en serbe, ton poème.

Après je récite le mien, par coeur. Le coeur me bat fort, mais je ne me trompe pas. Fiou ! Je suis bien contente. Quand tous les poèmes sont récités, nous décidons, tous ensemble, de monter un spectacle de poésie pour le mois de décembre. On va l'appeler le Super-vendredi. Le Super-Petak !

Chapitre 8

Un triomphe

Nous sommes très occupés à préparer le Super-Petak. Après de nombreuses discussions, toute la classe a choisi le thème des animaux.

À mesure que s'intensifient les préparatifs, notre spectacle prend de l'ampleur. Nous ferons cela dans le gymnase et toutes les troisièmes et quatrièmes

années sont invitées. Sofia et
moi répétons ensemble. Oui,
oui ! Vous avez bien lu. C'est que
Zoran est devenu notre metteur
en scène. Eh oui ! le Zoran, ma-

niaque de soccer. Souvenez-vous du poème sur les grenouilles du fameux Zmaj, qu'il avait récité au souper ? C'est justement ce poème-là que nous allons réciter. Tous les soirs, je descends chez Sofia répéter avec Zoran. Je n'en dis pas plus.

Le jour du spectacle, Sofia et moi nous habillons avec un t-shirt vert pomme. C'est une idée de Zoran.

Je devrais dire : vert grenouille. Toutes les deux, nous avons un chapeau de paille sur la tête.

Sur scène, Sofia tient le journal *Le Soleil* ouvert devant elle. Encore une idée de Zoran. Et on y va !

Je commence par le titre :
Monsieur Grenouille lit le journal
Sofia ajoute :

—Un poème de Jovan Jova-
novic Zmaj.

Et toutes les deux, côte à côte,
nous livrons notre poème. C'est-
à-dire que Sofia commence, et
dans un français parfait :

Sur une feuille de nénuphar
Monsieur Grenouille est assis.
Une grande feuille,
                    heureusement
Cache le soleil trop brûlant.

Ensuite, c'est mon tour.

Monsieur Grenouille tient
                    son journal.
Il lit chaque page fébrilement.
Ses yeux cherchent
                    désespérément
Une nouvelle indispensable.

Et la dernière strophe, nous la disons ensemble en nous tenant la main. (Sofia a rangé le journal).

Ici, au pays des grenouilles,
On veut savoir absolument
À quel moment les cigognes
Vont enfin déménager.

Les applaudissements font trembler les murs du gymnase. C'est un triomphe. Au dire de tous, notre poème a vraiment conquis les élèves, même s'ils ne savaient pas que les cigognes du pays de Sofia mangent des grenouilles. C'est surtout d'entendre Sofia, tellement à l'aise en français, qui a surpris.

Finalement, apprendre des poèmes par coeur ce n'est pas si difficile. Et ça fait du bien. On peut se les répéter tant qu'on veut. Sofia et moi préparons un autre Super-Petak pour Noël.

Luc remercie les parents présents et conclut :

—Vive la Poésie !

Moi, je souris et je cherche
des yeux Zoran, notre répéti-
teur. Ah ! Zoran.

—En prime, je vous offre le
poème que j'aime.

Les petits lapins, dans le bois
Folâtrent sur l'herbe arrosée
Et comme nous le vin d'Arbois,
Ils boivent la douce rosée.

Gris foncé, gris clair, soupe au lait,
Ces vagabonds, dont se dégage
Comme une odeur de serpolet,
Tiennent à peu près ce langage :

Nous sommes les petits lapins
Gens étrangers à l'écriture,
Et chaussés de seuls escarpins
Que nous a donnés la nature.

Nous sommes les petits lapins
C'est le poil qui forme nos bottes,
Et, n'ayant pas de calepins,
Nous ne prenons jamais de notes.

Et dans la bonne odeur des pins
Qu'on voit ombrageant ces clairières,
Nous sommes les petits lapins
Assis sur leurs petits derrières.

C'est un poème de Théodore de Banville.

Moi, je le sais maintenant par coeur. Et vous ?

Cécile Gagnon

En faisant des recherches sur la Serbie, Cécile Gagnon a découvert l'existence d'un personnage fascinant, un poète qui a dédié sa vie entière à l'enfance : Jovan Jovanovic Zmaj. En plein coeur de Novi Sad, une statue en bronze, trône à l'entrée d'une rue qui porte son nom. Cécile Gagnon est allée lui rendre visite tout en participant, en juin 2005, à un festival de littérature pour enfants : les Jeux de Zmaj.

L'histoire de Justine et Sofia est un hommage à la poésie et aussi un plaidoyer pour qu'on remette cette formidable forme d'expression à l'honneur dans nos écoles primaires.

Leanne Franson

Leanne Franson adore les chiens et les chats. Elle vit d'ailleurs avec un immense saint-Bernard et un tout petit chat noir... qui lui porte bonheur. Son saint-Bernard se prend pour la mère du chat, c'est mignon et c'est très bien comme ça.

Dans ses temps libres, en plus de dessiner des balcons, des gens et des animaux, Leanne fait de l'escalade et du canot.

Leanne est née en Saskatchewan. Elle vit maintenant à Montréal depuis près de vingt-cinq ans et elle aime bien cette ville peuplée de chiens et de minous.

MA PETITE VACHE A MAL AUX PATTES

Imprimé sur du papier 100 % postconsommation, traité sans chlore, accrédité Éco-Logo et fait à partir de biogaz.

Achevé d'imprimer
sur les presses de Marquis Imprimeur
en janvier 2006